Conoce nuestros productos en esta página, danos tu opinión y descárgate gratis nuestro catálogo.

www.everest.es

Dirección Editorial: Raquel López Varela
Coordinación Editorial: Ana María García Alonso
Traducción: Alberto Jiménez Rioja
Revisión de los textos en inglés: Andrew Hastings
Maquetación: Cristina A. Rejas Manzanera
Diseño de cubierta: Darrell Smith
Ilustración: Fernando Noriega

© EDITORIAL EVEREST, S. A.
Carretera León-A Coruña, km 5 - LEÓN
ISBN: 978-84-441-4816-8
Depósito legal: LE. 691-2012
Printed in Spain - Impreso en España

EDITORIAL EVERGRÁFICAS, S. L.
Carretera León-A Coruña, km 5
LEÓN (España)
Atención al cliente: 902 123 400

La **gallina** de los **huevos** de **oro**

The **Hen** that Laid **Golden Eggs**

La **gallina** de los **huevos** de **oro**

The **Hen** that Laid **Golden Eggs**

Ilustrado por Fernando Noriega

everest

En un tiempo muy lejano, cuando las hadas, las brujas y los duendes eran algo común, vivía en un pueblo un matrimonio que tenía fama de lamentarse siempre de su suerte.

Back in the olden days, when fairies, witches and elves were common, there lived in a village a couple who were notorious for never being satisfied with their lot.

Cuando el tiempo era bueno, se quejaban del calor, y cuando hacía frío, se lamentaban de vivir en un país donde no se podía ni asomar la nariz a la puerta de la calle.

When the weather was sunny they complained of the heat, and when it was cold they lamented that they lived in a country where you could not even stick your nose out of the door.

Eran además muy
avariciosos. Se decía
que, por una moneda
de oro, eran capaces
de traicionar a todos
sus parientes y amigos.
Un duende travieso
decidió comprobar si
era cierto.

And they were also very greedy. The townsfolk often said that they would readily hang all of their friends and relatives for a gold coin. A mischievous elf decided to find out if this was true.

—¡Hola, buen hombre! —dijo el duende—. Te veo cansado y triste. ¿Es dura tu vida? ¿Estás enfermo, tienes hambre?

El hombre miró asustado al duende y se puso a temblar.

"Hello, my good man!" said the elf. "You look tired and sad. Is your life hard? Are you ill? Do you have enough to eat?" Frightened, the man looked at the elf and began to tremble.

—No, no estoy enfermo —contestó—.
Tampoco tengo hambre. Pero estoy triste
porque mi mujer y yo somos pobres.

A lo que el duende contestó:

—Si enfermo no estás y hambre no
tienes, pobre no eres.

"No, I am not ill" he said. "And I am
not hungry. But I am sad because my wife
and I are poor." "If you are not ill and you
are not hungry, then you are not poor"
answered the elf.

—Sí, lo soy —replicó el hombre—. No tengo oro.

El duende se echó a reír y le dijo:

—Estás equivocado, pues todo el oro puedo tener sin por ello más feliz ser. La luz del sol, salud y comida es lo que necesito. Camina y disfruta de las cosas buenas de la vida.

"Yes, I am" replied the man. "I have no gold." The elf could not help laughing and said: "You are mistaken. I can get as much gold as I want, but the things I really need are sunlight, food and good health; walk around and enjoy all the good things of life.

15

—No, no —insistió el hombre—. Ser pobre significa no tener oro, y yo no tengo oro. Por eso no puedo ser feliz.

"No, no" insisted the man. "Being poor means not having gold, and I don't have any. That is why I'll never be happy."

—¡Qué lástima me das, amigo! Una gallina te voy a regalar que cada día un huevo de oro pondrá. Sólo tienes que esperar y feliz serás. —Y el duende sacó una pequeña gallina del hueco de un árbol que entregó al hombre.

"I pity you, my friend! I am going to give you a hen that will lay a golden egg every day. You'll just wait and you'll be happy." And so the elf brought out a small hen from a hole in a tree and he gave it to the man.

Este la metió bajo su chaqueta y echó a correr hacia el pueblo, mientras el duende reía a carcajadas. Marido y mujer estuvieron toda la tarde y toda la noche esperando a que la gallina pusiera el primer huevo.

He stuffed it under his jacket and ran quickly towards the town as the elf roared with laughter. Husband and wife spent all afternoon and all night waiting for the hen to lay the first egg.

21

Al amanecer, la gallina empezó a cacarear y, al poco tiempo, apareció bajo ella un reluciente huevo de oro.

At dawn, the hen began to cluck, and a few minutes later a shiny golden egg appeared beneath it.

—¡Qué fastidio! —se quejó la mujer—. ¡Tendremos que esperar hasta mañana para tener otro igual!

"How annoying!" said the wife. "Now we will have to wait until tomorrow to get another like this one!"

—¡Sí, maldita suerte! —se lamentó
el marido—. Pasará un largo tiempo hasta
que la gallina nos convierta en los más
ricos del pueblo. ¡No me extraña que
el duende se riera cuando me la dio!

"Yes, what rotten luck we have!" added
the husband. "It will be quite some time
until the hen makes us the richest people
in town. No wonder the elf was laughing
when he gave her to me!"

—Yo siempre he oído decir —aseguró
la mujer— que las gallinas llevan dentro
muchos huevos aunque solo los pongan de
uno en uno. ¿Por qué no la matamos
y se los sacamos todos de una vez?

"I have always heard" stated the wife,
"that hens carry many eggs inside them,
even though they only lay one at a time.
Why don't we kill the hen so we can get
all the eggs at once?"

—¿Y si el duende se enfada? —preguntó el esposo.

—El duende está en el bosque y nunca lo sabrá —replicó ella. Y, sin pensarlo dos veces, degollaron a la pobre gallina.

30

"What if the elf gets angry?" asked the husband. "The elf is in the forest and he'll never know!" she replied. And without thinking it twice, they grabbed the poor hen and slit its throat.

Pero, cuando la abrieron, dentro de ella no encontraron más huevos. Marido y mujer comenzaron a gritar de rabia, lamentándose de su mala suerte.

But when they opened it up, they found no more eggs inside her. The couple began to cry out in rage, lamenting his bad luck.

Escondido en una estantería de la despensa, el duende se reía porque sabía la verdad: la felicidad no depende de cuánto oro se tenga, sino de lo que haya en el corazón de cada cual.

Hidden on a closet shelf in the couple's house, the elf laughed because he knew the truth: happiness depends not on how much gold you have, but rather on what is in your heart.